Ute Iparraguirre De las Casas / Gudrun Schmitt

Galaktisch gute Laternen

frechverlag

Im frechverlag sind viele weitere bunte Bastelbücher erschienen. Hier eine Auswahl:

TOPP 2448

TOPP 2447

TOPP 2440

TOPP 2356

TOPP 2485

TOPP 2285

Fotos: frechverlag GmbH + Co. Druck KG, 70499 Stuttgart;
Fotostudio Ullrich & Co., Renningen

Dieses Buch enthält:
2 Vorlagenbogen

Auflage: 5. 4. 3. 2. 1. | Letzte Zahlen
Jahr: 2003 2002 2001 2000 1999 | maßgebend

frechverlag GmbH + Co. Druck KG, 70499 Stuttgart
Druck: frechverlag GmbH + Co. Druck KG, 70499 Stuttgart

ISBN 3-7724-2491-0 · Best.-Nr. 2491

Ich gehe mit meiner Laterne … und bin stolz darauf, dass sie etwas ganz Besonderes ist.

Ob für den Laternenumzug, die Geburtstagsfeier oder als Dekoration im Kinderzimmer – Laternen sind immer wieder beliebt. Egal, ob kleine grüne Männchen mit einem Ufo landen, ein Drachen in die Luft steigt, Mäuse einen Käse anknabbern oder ein Gespenst mit seiner Kette rasselt, hier ist für jeden Geschmack und jedes Alter etwas dabei.

Die vorgestellten Modelle werden aus verschiedenen Papieren, wie z. B. Tonkarton, Wellpappe, Transparentpapier oder Krepppapier, gebastelt. Es gibt aber auch lustige Laternen aus mit Transparentpapier umklebten Ballons. Besonders effektvoll sind die Details aus Nachtleuchtpapier, die im Dunkeln gespenstisch leuchten. Wählen Sie Ihre Lieblingslaterne aus und schon kann es losgehen. Hier findet jeder seine Lieblingslaterne: Groß und Klein, Mädchen und Jungen.

Viel Spaß beim Basteln wünschen Ihnen

Ihre

Ute Iparraguirre De las Casas

Gudrun Schmitt

Material und Werkzeug

- Tonkarton, Wellpappe und Transparentpapier in verschiedenen Farben
- Regenbogen-Tonkarton
- Regenbogen-Transparentpapier
- Regenbogen-Buntpapier
- Nachtleuchtpapier
- Krepppapier in Regenbogenfarben und Grün
- Hologrammfolie
- Butterbrot- oder Transparentpapier
- Käseschachteln, ø 15 cm
- Moosgummi
- Bast
- Metallglöckchen
- Bleistift
- Schwarzer, roter und silberner wasserfester Stift
- Pinsel
- Plakafarbe in Braun, Grün, Rot und Gelb
- Radiergummi
- Schere
- Zackenschere
- Prickelnadel mit Unterlage
- Cutter (Schneidemesser) mit geeigneter Schneideunterlage
- Motivlocher „Stern“ in verschiedenen Größen
- Lochzange
- Lineal
- Zirkel
- Laternenbügel oder Blumendraht
- UHU Kraft oder UHU Alleskleber
- Heisskleber
- Tapetenkleister
- Pfeifenputzer in Schwarz und Silber
- Plusterfarbe in Weiß
- Fön
- Watte
- Laub
- Satinband in Weiß
- Wollreste in Schwarz
- Kordel in Grün
- Batteriebetriebene Laternenbeleuchtung oder Laternenkerze mit Halterung

So geht's:

Haben Sie eine Laterne ausgesucht, übertragen Sie alle Teile der Vorlage ohne Überschneidungen mit einem Bleistift auf Butterbrot- oder Transparentpapier. Kleben Sie dann das Transparentpapier auf dünnen Karton, schneiden Sie die Teile aus und fertig sind Ihre Schablonen.
Legen Sie die Schablonen nun auf die Rückseite des von Ihnen ausgewählten Materials und ziehen Sie die Konturen mit Bleistift nach.
Schneiden Sie die Teile sorgfältig aus. Eventuelle Bleistiftstriche entfernen Sie vorsichtig mit einem weichen Radiergummi.

* * *

Achten Sie darauf, das Transparentpapier an allen Seiten ca. 1 cm größer als die Ausschnitte zuzuschneiden. Nun werden diese mit Transparentpapier oder Regenbogen-Transparentpapier hinterklebt.

* * *

Schneiden Sie den Streifen für den Laternenkörper zu. Er wird oben und unten am Rand 1 cm tief zackenförmig eingeschnitten, umgeknickt und auf die Grundform geklebt. Zum Kleben eignet sich UHU Alleskleber oder UHU Kraft. In einzelnen Fällen benötigen Sie Heisskleber. Achten Sie darauf, dass dieser nicht in Kinderhände gelangt! Nachdem alles gut getrocknet ist, wird das zweite Seitenteil angebracht.
Zum Befestigen des Bügels stanzen Sie mit einer Lochzange zwei einander gegenüberliegende Löcher in die Mitte des oberen Randes der Laterne.
Laternenbügel gibt es fertig zu kaufen. Sie können aber auch einen Bügel leicht aus Blumendraht selbst anfertigen. Nehmen Sie hierzu ca. 40 cm Draht und biegen Sie diesen in Form.

Nützliche Tipps:

★★★ Denken Sie daran, dass bei Laternen aus Wellpappe ein Teil seitenverkehrt übertragen und ausgeschnitten werden muss. ★★★

★★★ Verwenden Sie zum Zusammenkleben der Laternen keinen lösungsmittelfreien Klebstoff. Bei feuchtem Wetter können sich sonst die Klebenähte lösen. ★★★

★★★ Für viereckige Laternen müssen Sie die Vorlage vervierfachen. Dazu wird die Schablone an der gestrichelten Linie noch einmal angelegt und aufgezeichnet. Nachdem Sie die Laterne entsprechend hinterklebt haben, wird der Boden angebracht. Schneiden Sie diesen an allen Seiten 1 cm tief zackenförmig ein, die Ecken können Sie dabei abschrägen, knicken Sie die Klebelaschen nach oben und befestigen Sie nun den Boden in der Laterne. Zum Schluss können Sie die Laterne an der Klebelasche zusammenkleben. ★★★

★★★ Für runde Laternen eignet sich als Boden eine Käseschachtel mit 15 cm Durchmesser. Die Vorlage wird auf das gewählte Material übertragen, hinterklebt und um die Käseschachtel geklebt. Nun wird die Laterne an den Enden zusammengefügt. ★★★

★★★ Bei Tapetenkleisterballons achten Sie darauf, dass genügend Lagen (ca. 5–6 Lagen) übereinander geklebt werden. Verstärken Sie den Rand, indem Sie über ihn zwei oder drei weitere Lagen Transparentpapier kleben, damit dieser nicht einreißt, wenn der Laternenbügel befestigt wird. ★★★

★★★ Es gibt verschiedene Beleuchtungsmöglichkeiten:
Für kleinere Kinder empfiehlt sich eine batteriebetriebene Laternenbeleuchtung. Diese schützt wirkungsvoll davor, dass die Laterne durch Unachtsamkeit in Flammen aufgeht.
Für Kerzen gibt es im Bastelgeschäft spezielle Kerzenhalterungen.
Abraten möchten wir von der Benutzung von Teelichtern, da das Wachs durch die Ummantelung schneller flüssig wird und nicht abfließen kann. Dadurch wird der Docht „ertränkt“, das Licht geht aus und lässt sich nur schwer wieder anzünden. ★★★

Caspar, das kleine Schlossgespenst

MATERIAL:

- *Regenbogen-Tonkarton*
- *Regenbogen-Transparentpapier*
- *Tonkarton in Schwarz*
- *Nachtleuchtpapier*
- *Kordel in Grün, 50 cm*
- *10 Metallglöckchen, ø 15 mm*
- *1 Laternenbügel*

Die Grundform des kleinen Gespenstes wird aus Regenbogen-Tonkarton doppelt ausgeschnitten und anschließend mit Regenbogen-Transparentpapier hinterklebt. Danach werden Augen und Mund aus schwarzem Tonkarton aufgeklebt.
Schneiden Sie einen 60 cm langen und 12 cm breiten Streifen aus Regenbogen-Tonkarton aus. Schneiden Sie ihn oben und unten je 1 cm tief ein und knicken Sie ihn um. Kleben Sie den Tonkartonstreifen für den Laternenkörper senkrecht auf ein Seitenteil auf. Nachdem dieser gut getrocknet ist, wird das zweite Teil fixiert.

Zum Schluss bekommt das kleine Schlossgespenst noch seine Rasselkette, die entsteht, indem Sie die Glöckchen an die Kordel knoten.
Dann wird die Laterne mit den ausgestanzten Sternen aus Nachtleuchtpapier verziert.

„Huhu, ich bin Felix, die Fledermaus“

MATERIAL:
- *Wellpappe in Schwarz*
- *Regenbogen-Transparentpapier*
- *Nachtleuchtpapier*
- *1 Laternenbügel*

Schneiden Sie die Vorlage doppelt, davon einmal seitenverkehrt, aus. Hinterkleben Sie nun die Teile mit dem Regenbogen-Transparentpapier.

Nun bekommt Felix sein Gesicht aus Nachtleuchtpapier und wird mit kleinen Fledermäusen, ebenfalls aus Nachtleuchtpapier, verziert.
Für den Laternenkörper schneiden Sie einen 70 cm langen und 12 cm breiten Streifen aus Wellpappe aus. Schneiden Sie diesen oben und unten zackenförmig 1 cm tief ein. Durch die zahlreichen Rundungen, Spitzen und Ecken eignet sich zum Zusammenkleben Heisskleber am besten.

„Ach wie gut, dass niemand weiß, dass ich Rumpelstilzchen heiß"

MATERIAL:

- Wellpappe in Pink
- Regenbogen-Transparentpapier
- Tonkarton in Schwarz
- 1 Laternenbügel

Schneiden Sie die Grundform doppelt, davon einmal seitenverkehrt, aus und hinterkleben Sie diese mit dem Regenbogen-Transparentpapier.
Kleben Sie nun die Figur aus schwarzem Tonkarton beidseitig auf das Transparentpapier.

Fixieren Sie den 52 cm langen und 12 cm breiten Laternenkörper am 1 cm breiten, zackenförmig eingeschnittenen Kleberand am besten mit Heisskleber an den Seitenteilen.

Sterntaler

MATERIAL:
- *Wellpappe in Gelb*
- *Regenbogen-Transparentpapier*
- *Nachtleuchtpapier*
- *1 Laternenbügel*

Schneiden Sie die Vorlage doppelt, davon einmal seitenverkehrt, aus und hinterkleben Sie diese mit Regenbogen-Transparentpapier. Nun werden das Mädchen sowie die ausgestanzten Sterne aus Nachtleuchtpapier beidseitig aufgeklebt.
Dann wird der 70 cm lange und 12 cm breite Laternenkörper angebracht. Schneiden Sie diesen zuvor je 1 cm tief zackenförmig ein. Benutzen Sie zum Zusammenkleben am besten Heisskleber.

„Knusper, knusper, knäuschen, wer knuspert an meinem Häuschen?“

MATERIAL:
- *Tonkarton in Grau und Schwarz*
- *Regenbogen-Transparentpapier*
- *3 D-Colorwellpappe in Grün*
- *Krepppapier in Grün*
- *Schwarzer Faden für die Spinne, 15 cm (1 x 10 cm, 1 x 5 cm)*
- *1 Laternenbügel*

Schneiden Sie die Grundform doppelt aus. Schneiden Sie auf der Vorderseite Fenster und Türe entlang der durchgezogenen Linie auf, klappen Sie sie dann nach vorne. Auf der Rückseite werden die Fenster komplett ausgeschnitten. Der Spinnfaden wird auf das Transparentpapier geklebt. Hinterkleben Sie die Ausschnitte mit Regenbogen-Transparentpapier.

Bringen Sie die Hexe, die Katze, den Raben, die Spinnen, die Eule, den Schornstein und die Bäume wie auf dem Vorlagenbogen angegeben an. Die Steine am Hexenhaus, die Spinnenbeine sowie die Sprossen im Fenster werden mit einem schwarzen, wasserfesten Stift aufgemalt. Die Figuren bekommen ihr Gesicht mit einem silbernen, wasserfesten Stift aufgemalt.
Zwei Streifen (28 cm x 2,5 cm) grünes Krepppapier werden 1,5 cm eingeschnitten und auf beiden Seiten am unteren Rand der Laterne befestigt. Dann kleben Sie den 50 cm langen und 11 cm breiten Laternenkörper auf. Denken Sie daran, für die Klebelasche jeweils einen 1 cm breiten Rand zackenförmig einzuschneiden und umzuknicken.

„Rapunzel, lass' dein Haar herunter!"

MATERIAL:

- *Regenbogen-Tonkarton*
- *Regenbogen-Transparentpapier*
- *Tonkarton in Hautfarben und Schwarz*
- *3 D-Colorwellpappe in Grün*
- *Bast in Creme*
- *Satinband in Weiß, 20 cm*
- *1 Laternenbügel*

Fertigen Sie diese viereckige Laterne wie auf S. 6 beschrieben an. Dann wird Rapunzel aufgeklebt. Gesicht und Steine werden mit einem schwarzen, wasserfesten Stift aufgemalt. Die Haare aus Bast werden als Zopf geflochten, mit einer weißen Satinschleife zusammengebunden und aufgeklebt. Fixieren Sie die Fledermäuse aus schwarzem Tonkarton auf der Burg.

Nun wird der Laternenboden (15 cm x 15 cm) am Kleberand aufgeklebt und die Laterne an der Klebelasche zusammengefügt.

Dann werden zwei Büsche aus 3 D-Colorwellpappe nach Belieben fixiert.

Aladins Schloss

MATERIAL:

- *Tonkarton in Blau und Beige*
- *Regenbogen-Transparentpapier*
- *Wellpappe in Grün*
- *Klebesternchen aus Hologrammfolie in Gold und Blau*
- *Hologrammfolie in Gold*
- *1 Laternenbügel*

Fertigen Sie diese viereckige Laterne so an, wie auf S. 6 beschrieben. Die Fenster und Türen werden nicht ganz ausgeschnitten, sondern aufgeklappt. Hinterkleben Sie die Ausschnitte mit Regenbogen-Transparentpapier.
Kleben Sie den Laternenboden (19 cm x 19 cm) am 1 cm zackig eingeschnittenen Kleberand auf, fügen Sie die Laterne zusammen und verzieren Sie zum Schluss das Schloss mit den Palmen, den Monden und den Sternen.

„Frau Holle, bitte lass' es schneien!"

MATERIAL:

- *Wellpappe in Weiß*
- *Transparentpapier in Hellblau*
- *Regenbogen-Tonkarton*
- *Tonkarton in Hautfarben, Grau und Weiß*
- *Stoffrest, 8 cm x 14 cm*
- *Watte*
- *Satinband in Weiß, 20 cm*
- *2 Wackelaugen, ø 1 cm*
- *1 Laternenbügel*

Schneiden Sie die Vorlage doppelt, davon einmal seitenverkehrt, aus weißer Wellpappe aus und hinterkleben Sie diese mit hellblauem Transparentpapier. Für das Betttuch verwenden Sie einen Stoffrest in Farbe und Material nach Ihrer Wahl. Fixieren Sie es auf der Laterne. Nun wird Frau Holle aufgeklebt und bemalt.
Binden Sie das Band zu einer Schleife, welche an Frau Holles Dutt geklebt wird. Jetzt werden die Watteschneeflocken angebracht.

Zum Schluss kleben Sie den 70 cm langen und 11 cm breiten Laternenkörper am 1 cm breiten, zackig eingeschnittenen Kleberand auf.

„Ob dem kleinen Eisbären schön warm ist?"

MATERIAL:

- Wellpappe in Weiß und in Rot mit weißen Punkten
- Transparentpapier in Hellblau
- Tonkarton in Weiß
- Regenbogen-Buntpapier
- Plusterfarbe in Weiß
- 1 Laternenbügel

Das Iglu für den kleinen Eisbären wird doppelt, davon einmal spiegelbildlich und ohne Eingang, ausgeschnitten und dann mit hellblauem Transparentpapier hinterklebt. Nun wird der Eisbär samt seiner Mütze in den Eingang gesetzt. Dann kleben Sie die Pfoten auf.

Das Gesicht wird mit einem schwarzen, wasserfesten Stift aufgemalt, die Zunge wird rot ausgemalt. Mit weißer Plusterfarbe malen Sie nun die Eisblöcke auf und plustern sie mit dem Fön laut Herstellerangaben auf.

Zum Schluss wird der 52 cm lange und 11 cm breite Laternenkörper am 1 cm breiten Kleberand auf die Seitenteile geklebt und die ausgestanzten Sterne aus Regenbogen-Buntpapier fixiert.

Die kleinen grünen Männchen kommen!

MATERIAL:
- *Wellpappe in Silber*
- *Regenbogen-Transparentpapier*
- *Regenbogen-Tonkarton*
- *Nachtleuchtpapier*
- *Alukarton in Silber*
- *Golddraht, 64 cm*
- *1 Laternenbügel*

Diese Laterne wird bestimmt alle Jungs begeistern.
Die Vorlage wird doppelt, davon einmal seitenverkehrt, ausgeschnitten und mit Regenbogen-Transparentpapier hinterklebt. Die Fenster werden laut Vorlagenbogen aus Nachtleuchtpapier ausgeschnitten, aufgeklebt und innen ausgeschnitten.

Anschließend werden die kleinen grünen Männchen aus Regenbogen-Tonkarton mit Augen aus Nachtleuchtpapier mit einem wasserfesten, schwarzen Stift bemalt, die Nasen werden angebracht und die Männchen in die Fenster geklebt. Wickeln Sie den Golddraht um einen dünnen Stift und befestigen Sie ihn an der vorderen Seite des Kopfes. Die Klebestellen verdecken Sie mit ausgestanzten Sternen aus Nachtleuchtpapier. Auch am Ende wird der Draht mit Sternen verziert. Einige Sterne werden auf der Laterne verteilt.
Anschließend wird der 70 cm lange und 11 cm breite Laternenkörper am 1 cm breiten, gezackten Kleberand aufgeklebt.

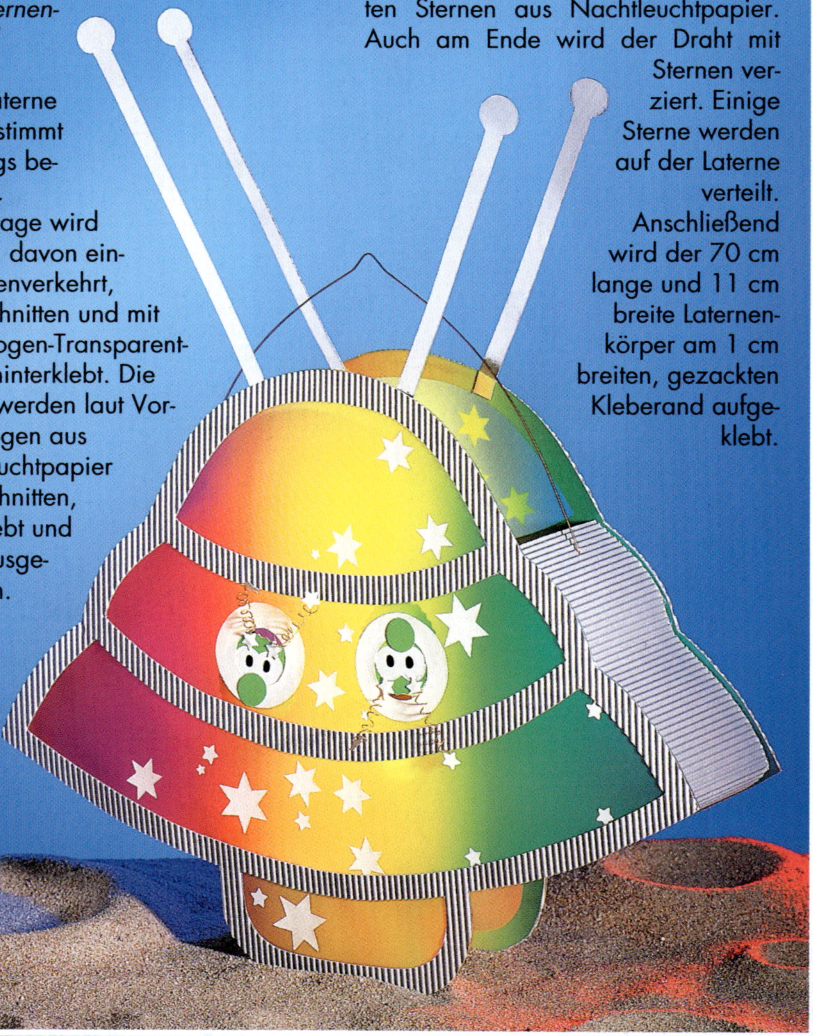

„Ob auf dem Mond auch jemand wohnt?"

MATERIAL:

- *Wellpappe in Dunkelblau*
- *Regenbogen-Transparentpapier*
- *Regenbogen-Tonkarton*
- *Nachtleuchtpapier*
- *Golddraht, 112 cm*
- *Laternenbügel*

Nachdem Sie die Vorlage doppelt, davon einmal seitenverkehrt, ausgeschnitten und mit Transparentpapier hinterklebt haben, werden die Sterne und das Raumschiff aus Nachtleuchtpapier aufgeklebt.

Die grünen Männchen mit Augen aus Nachtleuchtpapier werden mit der Zackenschere ausgeschnitten, mit schwarzem, wasserfestem Stift bemalt und am Rand der Laterne befestigt. Wie auf S. 18 beschrieben wird der Golddraht an der vorderen Seite des Kopfes befestigt.

Zum Schluss kleben Sie den 70 cm langen und 12 cm breiten Laternenkörper auf. Schneiden Sie hierzu den Kleberand 1 cm tief zackenförmig ein und knicken Sie diesen um.

„Hokuspokus, leuchte, mein Zylinder"

MATERIAL:
- Wellpappe in Schwarz
- Regenbogen-Transparentpapier
- 1 Käseschachtel, ø 15 cm
- 1 Laternenbügel

TIPP *Diese Laterne lässt sich auch toll als Tischlaterne verwenden.*

Schneiden Sie ein 52 cm langes und 17 cm breites Stück aus schwarzer Wellpappe aus und übertragen Sie die Vorlage seitenverkehrt auf deren Rückseite. Nun werden die Sterne in verschiedenen Größen ausgeschnitten und mit Regenbogen-Transparentpapier hinterklebt. Kleben Sie oben und unten den Laternenkörper um die Käseschachteln.

Zum Schluss wird die Krempe des Zylinders angebracht. Der innere Durchmesser beträgt 13 cm und der äußere 25 cm. Benutzen Sie am besten einen Zirkel, um die Krempe aufzumalen.

Käsemaus

MATERIAL:
- *Wellpappe in Gelb*
- *Regenbogen-Transparentpapier*
- *Tonkarton in Grau, Schwarz, Rot, Gelb und Weiß*
- *Wellpappe in Blau mit weißen Punkten*
- *Plusterfarbe in Weiß*
- *1 Käseschachtel, ø 15 cm*
- *1 Laternenbügel*

Schneiden Sie ein 52 cm langes und 25 cm breites Stück aus gelber Wellpappe aus und übertragen Sie die Vorlage seitenverkehrt auf die Rückseite.
Nachdem Sie die Käselöcher ausgeschnitten haben, werden die kleinen Mäuse angebracht. Eine Maus bekommt eine Mütze, die mit einem Bommel und einem Rand aus weißer Plusterfarbe verziert ist. Die Farbe wird laut Herstellerangaben mit dem Fön aufgeplustert. Die Augen, Pfoten, Mund und Ohren werden mit wasserfestem, schwarzem Stift aufgemalt, die Zunge und die Nase aus rotem Tonkarton aufgeklebt. Bringen Sie die Pfoten auf der Außenseite an.
Nun werden die anderen Käselöcher mit Regenbogen-Transparentpapier hinterklebt. Vergessen Sie nicht, das Schwänzchen in ein Loch auf das Transparentpapier zu kleben. Die Käsestücke werden auf der Laterne verteilt.

Geisterstadt

MATERIAL:
- Wellpappe in Schwarz
- Nachtleuchtpapier
- Regenbogen-Transparentpapier
- 1 Käseschachtel, ø 15 cm
- 1 Laternenbügel

Schneiden Sie ein 52 cm langes und 27 cm breites Stück aus Regenbogen-Transparentpapier aus und kleben Sie die aus schwarzer Wellpappe ausgeschnittene Silhouette der Stadt auf den unteren Rand des Transparentpapiers. Am oberen Rand bringen Sie einen 52 cm langen und 2 cm breiten Streifen aus schwarzer Wellpappe an.

Die Geister und Fledermäuse werden aus Nachtleuchtpapier ausgeschnitten und mit schwarzem, wasserfestem Stift bemalt. Die Sterne werden ausgestanzt.

Zum Schluss wird der Laternenkörper um die Käseschachteln geklebt.

Memory

MATERIAL:
- *Regenbogen-Wellpappe*
- *Regenbogen-Transparentpapier*
- *Nachtleuchtpapier*
- *1 Käseschachtel, ø 15 cm*
- *1 Laternenbügel*

Schneiden Sie ein 52 cm langes und 23 cm breites Stück aus Regenbogen-Wellpappe zu.
Zwölf 5 cm x 5 cm große Quadrate werden über die ganze Laterne verteilt aus der Wellpappe ausgeschnitten.
Diese können Sie mit Regenbogen-Transparentpapier hinterkleben und mit den Motiven aus Nachtleuchtpapier verzieren.
Zum Schluss wird der Laternenkörper um die Schachtel geklebt und der Laternenbügel angebracht.

Igelchen im Laub

MATERIAL:

- Laub
- Regenbogen-Transparentpapier
- Wellpappe in Natur
- Moosgummi
- Plakafarbe in Braun
- 1 Käseschachtel, ø 15 cm
- Pinsel
- Pappe
- 1 Laternenbügel

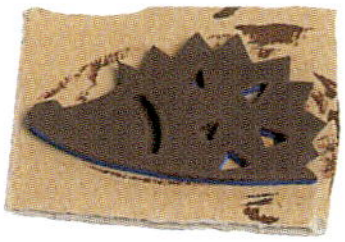

Fertigen Sie zuerst die Stempel aus Moosgummi an. Hierzu schneiden Sie laut Vorlage die beiden Igel aus Moosgummi aus und kleben diese auf ein dickeres Stück Pappe.
Schneiden Sie ein 52 cm langes und 29 cm breites Stück aus Regenbogen-Transparentpapier aus. Zum Bedrucken des Transparentpapiers bemalen Sie die Moosgummistempel mit brauner Plakafarbe und pressen den Stempel kurz auf das Papier. Lassen Sie die Farbe gut trocknen.
Nun wird der Laternenkörper um die Käseschachteln geklebt. Dann folgen die wellenförmigen Abschlüsse (ca. 5 bis 7 cm hoch, 52 cm lang) aus naturfarbener Wellpappe.
Zum Schluss wird das Laub nach Belieben aufgeklebt.

Vorsicht ... Fallobst

MATERIAL:

- Wellpappe in Hellgrün
- Regenbogen-Transparentpapier
- Moosgummi
- Plakafarbe in Rot, Gelb, Hell- und Dunkelgrün und Blau
- 1 Käseschachtel, ø 15 cm
- Pinsel
- Pappe
- 1 Laternenbügel

Fertigen Sie die Moosgummistempel an, wie bei den Igeln beschrieben, bemalen Sie sie mit der Plakafarbe und bedrucken Sie die Laterne damit. Die Laterne wird genauso gearbeitet, wie die Laterne mit Igeln.

DRACHEN

MATERIAL:

- *Regenbogen-Tonkarton*
- *Regenbogen-Krepppapier*
- *Transparentpapier in Gelb*
- *Tonkarton in Schwarz und Weiß*
- *Kordel in Grün, 2 x 45 cm*
- *Prickelnadel mit Unterlage*
- *1 Laternenbügel*

Diese Laterne wird aus Regenbogen-Tonkarton ausgeprickelt und anschließend mit gelbem Transparentpapier hinterklebt.
Der Drache erhält sein Gesicht aus schwarzem und weißem Tonkarton.
Die Schleifen schneiden Sie aus einem 14 cm x 9 cm großen Stück Regenbogen-Krepppapier doppelt aus und knoten sie anschließend an die 45 cm lange Kordel. Die Schleifen seitlich und oben werden ebenso befestigt. Die Schleifen an der Seite werden mit einigen 32 cm langen und 1 cm breiten Streifen aus Krepppapier verziert.
Schneiden Sie nun den 66 cm langen und 12 cm breiten Laternenkörper zu und kleben Sie diesen entlang des 1 cm breiten, zackig eingeschnittenen Kleberandes auf die Laternenteile. Zwei 3 cm breite und 13 cm lange Tonkartonstreifen geben zusätzlichen Halt.

Lustiger Apfel mit Wurm

MATERIAL:

- Tonkarton in Rot, Grün, Weiß und Braun
- Regenbogen-Transparentpapier
- Regenbogen-Tonkarton
- Pfeifenputzer in Schwarz, 8 cm
- 2 Holzperlen in Schwarz, ø 10 mm
- 1 Laternenbügel

Auch diese Laterne wird wie der Drachen ausgeprickelt und mit Regenbogen-Transparentpapier hinterklebt (Vorlage s. auch Kürbis, S. 28). Blatt und Stiel kleben Sie oben in der Mitte auf beiden Seiten an.

Für den Wurm fertigen Sie aus Regenbogen-Tonkarton zwei Hexentreppen an (Länge 16 cm bzw. 8 cm, Breite 2 cm). Kleben Sie dazu die Enden der beiden Streifen rechtwinklig aufeinander. Falten Sie sie mehrmals über die Mitte auf die andere Seite und kleben Sie diese dann auf. Der Kopf wird auf das kürzere Stück geklebt. Er hat einen Durchmesser von 3,5 cm, der der Augen beträgt 1,5 cm.

Die Fühler bestehen aus zwei schwarzen, 4 cm langen Pfeifenputzern. Fixieren Sie an ihrem oberen Ende je eine schwarze Holzperle und bemalen Sie die Augen mit schwarzem, wasserfestem Filzstift. Zum Schluss wird der Laternenkörper (51 cm x 11 cm) am 1 cm breiten, eingeschnittenen Kleberand befestigt.

Kürbis

MATERIAL:

- *Regenbogen-Tonkarton*
- *3 D-Colorwellpappe in Grün*
- *Tonkarton in Schwarz*
- *Regenbogen-Transparentpapier*
- *1 Laternenbügel*

Schneiden Sie die Vorlage doppelt aus Regenbogen-Tonkarton aus und hinterkleben Sie sie mit Regenbogen-Transparentpapier.

Nun bekommt der Kürbis seine Augen und seinen Mund aus schwarzem Tonkarton. Malen Sie die Streifen mit schwarzem, wasserfestem Filzstift auf. Das Teil für den Stiel und die Blätter werden aus grüner 3 D-Colorwellpappe gefertigt. Denken Sie daran, dass Sie ein Teil spiegelbildlich zuschneiden!

Zum Schluss kleben Sie den 55 cm langen und 12 cm breiten Laternenkörper entlang des 1 cm breiten, zackig eingeschnittenen Kleberandes auf.

Glückspilz

MATERIAL:

- *Wellpappe in Orange und in Rot mit weißen Punkten*
- *Regenbogen-Transparentpapier*
- *Transparentpapier in Weiß*
- *Tonkarton in Schwarz, Weiß und Rot*
- *Krepppapier in Grün*
- *1 Laternenbügel*

Schneiden Sie die Vorlage doppelt, einmal davon seitenverkehrt, aus und hinterkleben Sie die Teile mit dem Transparentpapier.

Kleben Sie dem Pilz das Gesicht aus Tonkarton auf. Das grüne Krepppapier (20 cm x 4 cm) wird 2 cm eingeschnitten und beidseitig am unteren Rand des Pilzkörpers fixiert.

Zum Schluss wird der 64 cm x 12 cm große Laternenkörper am 1 cm breiten, eingeschnittenen Kleberand befestigt.

Sonne, Mond und Sterne

MATERIAL:

- *Transparentpapier in Weiß und Blau*
- *Regenbogen-Transparentpapier*
- *Tapetenkleister*
- *1 Luftballon*
- *1 Laternenbügel*

Pusten Sie den Luftballon auf und kleben Sie mit Tapetenkleister ca. 6 Lagen Transparentpapier übereinander auf ihn. Nehmen Sie zuerst das weiße und dann das blaue Transparentpapier, damit die blaue Farbe besser zur Geltung kommt. Lassen Sie den Kleisterballon ca. 24 Stunden trocknen. Dann können Sie den Ballon zerstechen und herauslösen.

Schneiden Sie nun nach Belieben die Sterne und den Mond aus und hinterkleben Sie diese mit Regenbogen-Transparentpapier.

Der Marsofant

MATERIAL:

- *Transparentpapier in Ocker und Gelb*
- *Tonkarton in Blau*
- *Nachtleuchtpapier*
- *Tapetenkleister*
- *2 Jogurtbecher und 2 kleine Kinderjogurtbecher*
- *1 Luftballon*
- *Pfeifenputzer in Silber, 80 cm*
- *1 Laternenbügel*

Setzen Sie die großen und kleinen Jogurtbecher mit der Öffnung nach unten auf den aufgeblasenen Luftballon und überkleben Sie diese mit Tapetenkleister mit Transparentpapier. Zuerst nehmen Sie gelbes, dann ockerfarbenes Transparentpapier. Bekleben Sie den Ballon wie auf S. 30 beschrieben. Nach dem Trocknen zerstechen Sie den Ballon und entfernen die Becher, indem Sie sie von innen mit einer Schere ablösen.

Anschließend schneiden Sie die Ränder zackenförmig ab.

Fertigen Sie das Gesicht des „Marsofanten" laut Vorlage doppelt aus blauem Tonkarton an, bemalen Sie es mit schwarzem, wasserfestem Stift und platzieren Sie ihn in einer großen Öffnung.

Die Fühler aus 10 cm Pfeifenputzerdraht, der zackig gebogen wird, von vorne am Kopf anbringen und die Klebestelle mit einem Stern aus Nachtleuchtpapier verdecken. An den Enden werden ebenfalls Sterne angebracht. Vier weitere Fühler in den Löchern festkleben. Die Nase besteht aus 1 cm x 20 cm großen Tonkartonstreifen und wird so hergestellt, wie auf S. 27 beschrieben.

Hier sehen Sie, wie schön geheimnisvoll die Laternen mit Nachtleuchtpapier in der Dunkelheit leuchten.